Magic Cooking

INGA PFANNEBECKER

FEIERABEND KÜCHE

DIE REZEPTKAPITEL:

Ein bisschen zaubern können … mit **MAGIC TIPPS** und vielen weiteren Features, die dich kreativ, schlau und glücklich machen: Entdecke, wie ein entspanntes Risotto ohne Rühren gelingt (s. Seite 32), was eine Asia-Aromabombe mit einem easy Salat anstellt (s. Seite 46) und wie du Wow-Gerichte ohne Stress zauberst (s. Seite 38).

SIMSALAMAGIC

Mein Zauberkasten für eine entspannte Feierabend-Küche

KOCHEN IST MEINE LEIDENSCHAFT! Und dennoch geht es mir nach einem vollgepackten Tag genauso wie vielen anderen Menschen auch: Das Essen muss vor allem unkompliziert sein. Damit es trotzdem das gewisse Extra hat, tüftele ich in meiner Versuchsküche gerne einfach raffinierte Rezepte aus. So lässt sich der Feierabend ohne Stress genießen.

Gute Vorbereitung verleiht **ZAUBERKRÄFTE** in der Küche. Also vor dem Loslegen erstmal das Rezept gut durchlesen, alle Zutaten und benötigten Gerätschaften bereitstellen. Dann kannst du dich ungestört dem Koch-Flow hingeben. Auch clever: Wenn Zeit ist, mit Meal Prep schon mal was für den nächsten Feierabend vorbereiten.

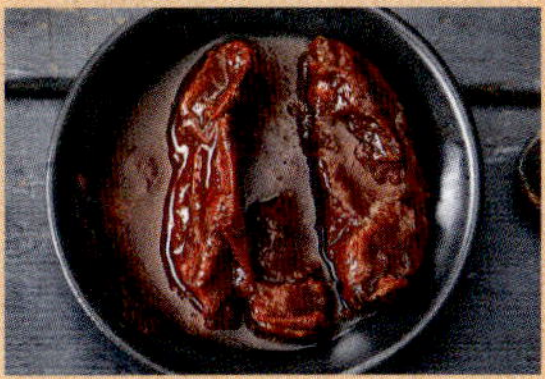

KOCHMAGIE auf die Schnelle gelingt mit ein paar Extras für einen Aromakick besonders gut. Geräuchertes Paprikapulver, Misopaste oder mexikanische Chipotle in Adobo sorgen ganz fix für einen aufregend anderen Geschmack und halten lange. Versprochen, dafür lohnt sich der Umweg zum gut sortierten Supermarkt oder Asialaden oder die Bestellung im Internet.

Kleine **ASSISTENTEN** wie Blitzhacker, Mixer oder Pürierstab beschleunigen das Kochen. Sie zerkleinern z. B. Gemüse oder Kräuter, mixen Dips, Saucen und Suppen und ersetzen die Handarbeit mit Messer oder Reibe.

Mein **ASS IM ÄRMEL** für relaxte Gerichte: der Backofen! Einmal auf dem Blech macht sich das Essen ganz von alleine und es bleibt Zeit, noch eine Sauce dazu anzurühren, schon mal den Tisch zu decken oder einfach die Füße hochzulegen. Und ganz nebenbei werden Gemüse & Co in der Hitze extra aromatisch.

GANZ PUR

TOMATEN-FETA-TARTE

1 Knoblauchzehe
1 TL getrockneter Oregano
4 EL Olivenöl
Salz
1 Rolle Blätterteig (270 g; aus dem Kühlregal)
300 g aromatische, vollreife Tomaten
Pfeffer
125 g Schafskäse (Feta)
100 g Rucola
1 EL Aceto balsamico

–

Für 2 Personen
30 Min. Zubereitung
Pro Portion ca. 885 kcal

1 Den Backofen auf 200° vorheizen. Ein Backblech mit Backpapier belegen. Den Knoblauch schälen und in feine Würfel schneiden oder durchpressen. Mit dem Oregano unter 1 EL Olivenöl rühren. Die Ölmischung mit Salz würzen. Den Blätterteig auf dem Blech ausrollen, mit einer Gabel mehrfach einstechen und gleichmäßig mit der Ölmischung einpinseln.

2 Die Tomaten waschen, trocken tupfen und in ca. 0,5 cm dicke Scheiben schneiden. Das Innere der Tomaten dabei herauslösen und in einen hohen Rührbecher geben. Die Tomatenscheiben etwas trocken tupfen und dicht an dicht auf dem Teig verteilen. Mit Salz und Pfeffer würzen. Den Feta mit den Fingern darüberbröseln. Die Tarte im Ofen (Mitte) 20–25 Min. backen, bis der Teig knusprig ist.

3 Inzwischen den Rucola verlesen, waschen und trocken schleudern, grobe Stiele entfernen. Den Aceto balsamico und das restliche Olivenöl (3 EL) zum Inneren der Tomaten geben und alles mit dem Pürierstab zu einem Dressing mixen. Das Dressing mit Salz und Pfeffer abschmecken.

4 Die Tarte zum Servieren in Stücke schneiden. Jeweils etwas Rucolasalat daraufgeben, mit etwas Dressing beträufeln und sofort servieren. Restlichen Rucola mit Dressing dazu reichen.

Meine fantastische Idee

für doppelt Genuss

Damit das wässrige Innere der Tomaten den Blätterteig nicht durchweicht, wird es vor dem Backen entfernt – und unter das Salatdressing gemixt. So wird der Teig knusprig und das Dressing bekommt ein tolles, leicht säuerliches Aroma. Doppelter Genussgewinn!

NUDELN MIT GEPUFFTEN TOMATEN

1 Bio-Zitrone
2 EL Olivenöl
Salz
400 g Kirschtomaten
1 Knoblauchzehe
150 g Baby-Blattspinat
125 g Ricotta
Pfeffer
250 g frische Bandnudeln (aus dem Kühlregal)
25 g geröstete, gesalzene Pistazienkerne
–
Für 2 Personen
25 Min. Zubereitung
Pro Portion ca. 765 kcal

1 Die Zitrone heiß waschen und trocken tupfen. Die Hälfte der Schale mit einem Sparschäler dünn abschälen. Das Olivenöl in einer Pfanne (mit Deckel) erhitzen. Die Zitronenschale im Öl ca. 5 Min. braten.

2 Währenddessen die Zitrone in Spalten schneiden. Reichlich Salzwasser für die Nudeln zum Kochen bringen. Die Tomaten waschen und trocken tupfen. Den Knoblauch schälen und hacken. Den Spinat verlesen, waschen und trocken schütteln.

3 Die Zitronenschale aus dem Öl nehmen und auf Küchenpapier abtropfen lassen. 1–2 TL Öl aus der Pfanne nehmen und unter den Ricotta rühren, mit Salz abschmecken. Die Zitronenschale fein hacken.

4 Die Tomaten zum übrigen Bratöl in die Pfanne geben und zugedeckt bei mittlerer Hitze ca. 7 Min. schmoren. Dann den Knoblauch dazugeben und alles ca. 5 Min. weiterschmoren. Die Tomaten mit einem Löffel etwas platt drücken. Den Spinat dazugeben und unter Wenden in 2–3 Min. zusammenfallen lassen. Mit Salz und Pfeffer abschmecken.

5 Während die Tomaten schmoren, die Nudeln nach Packungsanweisung im Salzwasser kochen. Die Nudeln in ein Sieb abgießen, abtropfen lassen und mit den gepufften Tomaten mischen. Auf tiefe Teller verteilen. Den Ricotta in Klecksen daraufgeben. Die Pistazien grob hacken und mit der Zitronenschale darüberstreuen. Die Zitronenspalten dazu servieren.

IT'S MAGIC!

Zitronenschale hat ein frisches Aroma, das Pep in viele Gerichte bringt. Es lohnt sich daher, gleich etwas mehr von dem Öl zuzubereiten, es in eine saubere Flasche zu füllen und nicht nur für diese Nudeln zu verwenden. Wie wäre es z. B. mit einem Frischekick im Salatdressing, bei Ofengemüse oder Hähnchenbrustfilet? Kühl und dunkel gelagert bleibt das Zitronenöl mindestens zwei Monate frisch.

BLUMENKOHL-STEAK MIT ROMESCO

Meine Prise Magie

für die zarte Rauchnote

Geräuchertes Paprikapulver, auch Pimentón de la Vera genannt, bringt mit seinem tollen Aroma einen herzhaft-rauchigen Geschmack in vegane Gerichte. Es stammt aus Spanien und ist in milden (dulce) und scharfen (forte) Varianten erhältlich. Die Paprikaschoten dafür werden über Feuer getrocknet und bekommen durch den Rauch des verbrennenden Steineichenholzes ihre Rauchnote. Die gibt hier der würzigen Sauce einen Kick, der perfekt zum Blumenkohl-Steak passt.

1 kleiner Blumenkohl (ca. 900 g)
4 EL Olivenöl
Salz
400 g mehligkochende Kartoffeln
40 g Mandelblättchen
125 g geröstete Paprika (aus dem Glas)
25 g getrocknete Tomaten in Öl
1 kleine Tomate
1 Knoblauchzehe
½ Bund Petersilie
1 EL Weißweinessig
1 TL geräuchertes Paprikapulver
Pfeffer
20 g helles Mandelmus
–
Für 2 Personen
40 Min. Zubereitung
Pro Portion ca. 615 kcal

1 Ein Backblech in den Backofen (Mitte) schieben. Den Ofen auf 225° vorheizen.

2 Den Blumenkohl von den Blättern befreien, waschen, und abtropfen lassen. Von der Mitte aus vier ca. 2 cm breite Scheiben abschneiden, dabei darauf achten, dass die Scheiben am Strunk zusammenhalten (falls eine Scheibe auseinanderfällt, können auch die Stücke wie im Rezept beschrieben weiterverwendet werden). Den übrigen Blumenkohl beiseitelegen.

3 In einer großen Pfanne 1 EL Olivenöl erhitzen und die Blumenkohlscheiben darin auf jeder Seite ca. 4 Min. kräftig anbraten. Dann die Scheiben auf das Blech im Ofen legen, mit 1 EL Öl beträufeln, mit Salz würzen und 15–20 Min. rösten.

4 In der Zwischenzeit die Kartoffeln schälen, waschen, halbieren und in Salzwasser zugedeckt ca. 10 Min. garen. Den übrigen Blumenkohl in kleinen Stücken hinzufügen und alles zusammen ca. 10 Min. weitergaren, bis die Kartoffeln und der Blumenkohl weich sind.

5 Nebenher die Mandeln in einer Pfanne ohne Fett goldbraun rösten. Die Paprika und die getrockneten Tomaten abtropfen lassen. Die Tomate waschen und vierteln, dabei den Stielansatz entfernen. Den Knoblauch schälen. Die Petersilie waschen und trocken schütteln, die Blätter abzupfen.

6 Für die Deko 1 EL Mandelblättchen sowie einige Petersilienblätter beiseitestellen. Übrige Mandeln und Petersilie, Paprika, getrocknete Tomaten, Tomatenviertel und Knoblauch mit restlichem Öl (2 EL), Essig, Paprikapulver sowie etwas Salz und Pfeffer im Mixer fein pürieren.

7 Die Kartoffel-Blumenkohl-Mischung abgießen, dabei das Kochwasser auffangen. Kartoffeln und Blumenkohl mit dem Mandelmus und ca. 150 ml Kochwasser zu einem noch etwas stückigen Stampf verarbeiten. Mit Salz abschmecken. Alles auf Tellern anrichten und mit Mandelblättchen bestreuen. Die Petersilienblätter für die Deko hacken und daraufstreuen.

MANGO-CHICKEN MIT KOKOSREIS

2 getrocknete rote Chilischoten
2 EL Erdnusskerne (gesalzen)
125 g Basmati-Reis
150 g Kokosmilch
Salz
1 kleine Zwiebel
1 Stück Ingwer (walnussgroß)
2 EL Olivenöl
1 TL Currypulver
1 große Tomate
300 g Hähnchenbrustfilet
Pfeffer
2 EL Mango-Chutney
ca. 1 EL Korianderblätter zum Garnieren
ca. 1 EL geröstete Kokoschips zum Garnieren
–
Für 2 Personen
30 Min. Zubereitung
Pro Portion ca. 655 kcal

1 Chilischoten und Erdnüsse in einem Topf unter Wenden 1–2 Min. rösten. Den Reis dazugeben und unter Wenden 1–2 Min. andünsten. 100 g Kokosmilch und 300 ml Wasser hinzufügen. Mit Salz würzen, aufkochen und zugedeckt bei kleiner bis mittlerer Hitze 18–20 Min. köcheln.

2 Inzwischen für die Sauce Zwiebel und Ingwer schälen. Beides mit 1 TL Wasser im Blitzhacker zu einer feinen Paste verarbeiten. 1 EL Olivenöl in einem Topf erhitzen. Zwiebelpaste darin unter Wenden ca. 5 Min. andünsten. Mit Curry bestäuben. Tomate waschen und direkt über dem Topf auf der groben Seite einer Küchenreibe raspeln. 200 ml Wasser angießen, aufkochen und ca. 10 Min. köcheln.

3 Inzwischen das Fleisch trocken tupfen, mit Salz und Pfeffer würzen. Restliches Öl (1 EL) in einer Pfanne erhitzen und das Fleisch darin auf jeder Seite 3–4 Min. braten. Chutney und restliche Kokosmilch (50 g) in die Sauce geben, mit Salz und Pfeffer abschmecken. Fleisch einlegen, mit Sauce bedecken und bei kleiner Hitze ca. 5 Min. sanft köcheln, bis es durchgegart ist. Mango-Chicken und Kokosreis anrichten. Mit Koriander und Kokoschips garnieren.

IT'S MAGIC!

Tomaten häuten? Überflüssig! Durch das Reiben bleibt die zähe Haut automatisch zurück und das Fruchtfleisch ist fix zerkleinert – perfekt für die entspannte Feierabend-Küche!

KNUSPERTOFU MIT SCHARFEM BOHNENSALAT

400 g Tofu natur (aus dem Kühlregal)
1 Pck. TK-grüne-Bohnen (450 g)
Salz
2 Frühlingszwiebeln
1 Knoblauchzehe
1 Stück Ingwer (walnussgroß)
1 TL Chiliflocken
2 TL Sojasauce
4 TL Ahornsirup
2 TL Apfelessig
5 EL Rapsöl
20 g Speisestärke
1 EL geröstetes Sesamöl
1 TL Sriracha-Sauce (Chilisauce)
–
Für 2 Personen
30 Min. Zubereitung
Pro Portion ca. 700 kcal

1 Den Tofu zwischen zwei Lagen Küchenpapier in einen tiefen Teller legen und mit einem schweren Topf beschweren. Ca. 10 Min. stehen lassen, damit möglichst viel Flüssigkeit aus dem Tofu herausgedrückt wird.

2 Inzwischen für den Salat die Bohnen in kochendem Salzwasser nach Packungsanweisung garen. Die Frühlingszwiebeln putzen, waschen und fein schneiden. Den Knoblauch schälen und fein hacken. Den Ingwer schälen und fein reiben. Knoblauch und Ingwer mit Chiliflocken, Sojasauce, 2 TL Ahornsirup und Essig verrühren. 3 EL Rapsöl unterschlagen.

3 Den Tofu nochmals gut auspressen, dann trocken tupfen und quer in ca. 0,5 cm breite Scheiben schneiden. Die Stärke mit 1 TL Wasser, restlichem Ahornsirup (2 TL), Sesamöl, Sriracha-Sauce und ½ TL Salz in einem tiefen Teller zu einer dickflüssigen Masse glatt rühren. Bei Bedarf noch etwas mehr Wasser dazugeben. Die Tofuscheiben darin wenden. Restliches Rapsöl (2 EL) in einer großen beschichteten Pfanne erhitzen und die Tofuscheiben darin bei großer Hitze auf jeder Seite in ca. 3 Min. knusprig braten.

4 Die Bohnen in ein Sieb abgießen, abtropfen lassen und noch warm mit den Frühlingszwiebeln unter das Dressing mischen. Den Bohnensalat mit dem Knuspertofu servieren. Dazu passt gekochter Basmati-Reis.

Meine Zauberformel

für knusprigen Tofu

Damit der Asiaklassiker schön knusprig und nicht langweilig und matschig wird, ist es wichtig, ihn vor der Verarbeitung gut auszupressen. So verliert er Feuchtigkeit und kann Aromen besser aufnehmen. Der Mix aus Stärke, Sirup und aromatischem Öl verleiht ihm dann nicht nur Geschmack, sondern auch Crunch. Denn die Stärke bindet austretende Flüssigkeit beim Braten und sorgt für eine tolle Kruste.

OFENSÜSSKARTOFFELN MIT ROTE-BETE-TOPPING

4 Süßkartoffeln (à ca. 200 g)
2 EL Olivenöl
Salz
250 g Rote Bete (vorgegart; vakuumiert)
1 kleine Knoblauchzehe
½ Bund Petersilie
2 EL Apfelessig
1 TL abgeriebene Bio-Orangenschale
1 Msp. gemahlener Kreuzkümmel
Pfeffer
100 g Schafskäse (Feta)
50 g Crème fraîche
1 EL Orangensaft
–
Für 2 Personen
45 Min. Zubereitung
Pro Portion ca. 755 kcal

1 Backofen auf 220° vorheizten. Süßkartoffeln waschen, trocken reiben, mit einer Gabel rundum mehrmals einstechen und auf ein mit Backpapier belegtes Backblech legen. Rundum mit 1 EL Öl bestreichen und leicht mit Salz würzen. Im Ofen (Mitte) je nach Größe 35–45 Min. backen, bis sich die Süßkartoffeln mit einem spitzen Messer leicht einstechen lassen.

2 Inzwischen für die Füllung die Rote Bete trocken tupfen und in kleine Würfel schneiden. Knoblauch schälen und in feine Würfel schneiden. Petersilie waschen und trocken schütteln, die Blätter abzupfen und hacken. Alles mit restlichem Öl (1 EL), Essig, Orangenschale, Kreuzkümmel, Salz und Pfeffer mischen. Feta dazubröseln.

3 Crème fraiche mit Orangensaft glatt rühren, mit Salz abschmecken. Süßkartoffeln auf Tellern anrichten, längs einschneiden und etwas auseinanderdrücken. Etwas Rote-Bete-Topping und einen Klecks Crème fraîche daraufgeben. Übriges Topping und übrige Crème fraîche dazu reichen.

Meine Prise Magie

für die perfekte Geschmacksbalance

Rote Bete braucht Säure, damit ihr erdiger Geschmack ausbalanciert wird. Deshalb nicht zu sparsam mit dem Apfelessig sein! Auch die Säure von Crème fraiche und Orangensaft sorgt für Balance.

SMOKEY LAUCHSUPPE

2 Stangen Lauch (ca. 400 g)
250 g vorwiegend festkochende Kartoffeln
1 Zwiebel
2 EL Rapsöl
Salz | Pfeffer
250 g braune Champignons
5 Stängel glatte Petersilie
1 Pck. geräuchertes Forellenfilet (125 g)
75 g Sahne
–
Für 2 Personen
25 Min. Zubereitung
Pro Portion ca. 410 kcal

1 Den Lauch putzen, gründlich waschen und in grobe Stücke schneiden. Die Kartoffeln schälen, waschen und grob würfeln. Die Zwiebel schälen und würfeln. 1 EL Rapsöl in einem Topf erhitzen und die Zwiebel darin anschwitzen. Den Lauch und die Kartoffeln dazugeben und unter Wenden 2–3 Min. mitdünsten. 600 ml Wasser dazugießen, alles mit Salz und Pfeffer würzen, aufkochen und zugedeckt ca. 15 Min. köcheln lassen.

2 Inzwischen die Champignons putzen und falls nötig mit einem Tuch abreiben, dann in schmale Scheiben hobeln oder schneiden. Das übrige Rapsöl (1 EL) in einer weiten Pfanne erhitzen. Die Pilze darin unter Wenden bei starker Hitze ca. 5 Min. kräftig anbraten. Mit Salz und Pfeffer würzen. Die Petersilie waschen und trocken schütteln, die Blätter von den Stielen zupfen und nach Belieben fein oder grob hacken.

3 Die Suppe vom Herd nehmen. 100 g Forellenfilet und die Sahne dazugeben und alles mit dem Pürierstab cremig mixen. Die Suppe nochmals kurz erwärmen. Mit Salz und Pfeffer abschmecken und in Suppenschalen anrichten. Die Pilze darauf verteilen, mit dem übrigen Forellenfilet (25 g) garnieren und mit gehackter Petersilie bestreuen. Dazu schmeckt kräftiges Bauernbrot.

Meine Prise Magie

für Raucharoma

Das Raucharoma der Forelle passt gut zum würzigen Lauch und verleiht der Suppe neben Substanz ein aufregend anderes Aroma und ordentlich Wumms. Unbedingt mal ausprobieren, selbst wenn du kein Fischfan bist. Denn den Fisch an sich schmeckt man nicht raus.

Einmal einkaufen, fünfmal maximaler Feierabend-Genuss

VORRATSHITS

Genialer Minivorrat: Salz, Pfeffer, Mehl, Backpulver, Olivenöl, milder Essig, 7 Eier, 1 Pck. Doppelrahmfrischkäse, 1 l Milch, 1 Dose Kichererbsen (240 g Abtropfgewicht), 1 Pck. TK-Erbsen (300 g), 500 g Möhren, 500 g Nudeln, 1 kg vorwiegend festkochende Kartoffeln, 500 g Joghurt (3,5 % Fett), 1 Pck. TK-Kräutermischung, 200 g Feta, 1 Glas grünes Pesto

TAG 1: PESTO-EI MIT KARTOFFELPÜREE

500 g Kartoffeln schälen, vierteln, in Salzwasser 15 Min. kochen. 200 g Erbsen zugeben, ca. 5 Min. kochen. Abtropfen lassen. 50 ml Milch erhitzen, Kartoffelmischung und 50 g Frischkäse zugeben. Grob zerstampfen, salzen. 2 Kleckse Pesto (à 1 EL) in einer beschichteten Pfanne flach streichen. Je 1 Ei daraufgeben, salzen und zum Spiegelei braten.

TAG 2: NUDEL-FRITTATA

100 g Nudeln kochen. Backofen auf 175° vorheizen. 1 Möhre putzen, raspeln. 3 Eier, 2 EL Kräuter, 125 ml Milch, Salz und Pfeffer verquirlen. Nudeln, Möhre und 125 g Erbsen in 2 EL Öl in einer ofenfesten Pfanne 4 Min. braten. Mit Eiermilch übergießen. Im Ofen 20 Min. backen.

TAG 3: ONE-POT-GEMÜSE-PASTA

2 Möhren putzen und würfeln (1,5 cm). In 1 EL Öl 3 Min. dünsten. Möhrenwürfel mit 400 ml Milch und 250 ml Wasser aufkochen. Salzen, pfeffern. 200 g Nudeln zugeben, öfter rühren. Nach 10 Min. 125 g Erbsen zufügen, 8 Min. garen. 50 g Frischkäse und 2 EL Kräuter unterrühren. Mit Salz und Pfeffer abschmecken.

TAG 4: KARTOFFELSPALTEN MIT MÖHRENSALAT

Backofen auf 225° vorheizen. 500 g Kartoffeln schälen, in 2 cm breite Spalten schneiden. Auf einem Blech mit 2 EL Öl, 1 EL Pesto, Salz und Pfeffer mischen. Im Ofen 20 Min. backen. Für den Dip 100 g Feta (zerdrückt), 100 g Joghurt, 1 EL Pesto, Salz und Pfeffer verrühren. Für den Salat 300 g geraspelte Möhren, mit 1 EL Kräuter, 2 EL Öl, 1 EL Essig, Salz und Pfeffer gut mischen. Kartoffeln mit Dip und Salat servieren.

TAG 5: KICHERERBSEN-FRITTER MIT JOGHURTDIP

50 g Mehl, 1 TL Backpulver, ½ TL Salz, Pfeffer und 2 Eier verrühren. 1 Dose Kichererbsen (abgetropft) und 75 g Feta (in groben Stücken) zugeben. Noch stückig pürieren. In etwas Öl ca. 6 Fritter braten: Pro Fritter 1 gehäuften EL Teig in der Pfanne flach streichen, je Seite 3–4 Min. braten. 150 g Joghurt, 2 EL Kräuter und Salz zum Dip verrühren.

GANZ KLASSISCH

HÄHNCHENSCHNITZEL MIT KARTOFFELSALAT

SALAT
500 g kleine neue Kartoffeln
Salz
1 Bio-Zitrone
35 g Parmesan
2 EL Mayonnaise
1 TL körniger Senf
Pfeffer
½ Salatgurke
50 g Radieschen
½ Bund Dill
100 g Rucola

SCHNITZEL
2 Hähnchenbrustfilets (à ca. 150 g)
Salz | Pfeffer
½ Bund Petersilie
ca. 80 g Panko (asiat. Semmelbrösel)
1 Ei (M)
ca. 50 ml Öl zum Braten (oder Butterschmalz)
–
Für 2 Personen
30 Min. Zubereitung
Pro Portion ca. 855 kcal

1 Für den Salat Kartoffeln waschen, jeweils halbieren und zugedeckt in Salzwasser in 12–15 Min. weich kochen. Inzwischen Zitrone heiß waschen und trocken tupfen, Schale fein abreiben. Zitrone halbieren, den Saft einer Hälfte auspressen. 25 g Parmesan fein reiben. Mit Mayonnaise, Senf, der Hälfte der Zitronenschale und Zitronensaft verrühren. Dressing mit Salz und Pfeffer kräftig abschmecken.

2 Gurke waschen, streifig schälen und längs halbieren, Kerne mit einem Teelöffel herauskratzen. Radieschen putzen und waschen. Beides in schmale Scheiben hobeln oder schneiden. Dill waschen und trocken schütteln, die Blättchen abzupfen und hacken. Rucola verlesen, von groben Stielen befreien, waschen und trocken schütteln. Kartoffeln abgießen und gut abtropfen lassen. Mit Dressing, Gurke, Radieschen, Dill und Rucola mischen. Übrigen Parmesan (10 g) mit dem Sparschäler darüberhobeln.

3 Für die Schnitzel die Hähnchenbrustfilets zwischen 2 Lagen Frischhaltefolie flach klopfen. Mit Salz und Pfeffer würzen. Die Petersilie waschen und trocken schütteln. Die Blätter abzupfen, fein hacken und mit der übrigen Zitronenschale vom Salat unter das Panko mischen, salzen. Das Ei verquirlen.

4 Die Schnitzel erst im Ei, dann in Panko wenden, dabei das Panko andrücken. Das Öl in einer Pfanne erhitzen und die Schnitzel darin auf jeder Seite in 4–5 Min. knusprig braten. Mit Salat servieren.

Meine Zauberformel

für zarte Schnitzel

Das Fleisch möglichst flach klopfen – neben einem Fleischklopfer eignet sich ein schwerer Topf. Das verringert später die Garzeit und verhindert, dass die Panade verbrennt, bevor das Fleisch innen durch ist. Damit die Fleischfasern nicht beschädigt werden (macht das Schnitzel zäh), Frischhaltefolie verwenden.

Mein magisches Geheimnis

für mehr Aha

Für eine extra knusprige Hülle Panko nehmen, und die Schnitzel sofort nach dem Panieren braten. Fertige Schnitzel nicht abdecken, damit Kondenswasser die Knusperhülle nicht aufweicht.

RATATOUILLE-PASTASALAT MIT HACKBÄLLCHEN

SALAT
1 Aubergine (ca. 300 g)
1 mittelgroßer Zucchino (ca. 250 g)
1 Knoblauchzehe
3 Zweige Rosmarin
5 EL Olivenöl
125 g Penne
Salz
150 g Kirschtomaten
1 EL Zitronensaft
1 EL Weißweinessig
Pfeffer

HACKBÄLLCHEN
40 g Semmelbrösel
5 TL Milch
250 g Rinderhackfleisch
1 TL Ajvar
Salz | Pfeffer
8 mit Paprika gefüllte grüne Oliven
1 EL Öl zum Braten

–

Für 2 Personen
35 Min. Zubereitung
Pro Portion ca. 840 kcal

1 Für den Salat den Backofen auf 200° vorheizen. Ein Backblech mit Backpapier belegen. Die Aubergine und den Zucchino waschen, putzen und in kleine Würfel schneiden. Den Knoblauch schälen und in feine Würfel schneiden. Den Rosmarin waschen und trocken schütteln, die Nadeln abzupfen und fein hacken. Aubergine und Zucchino mit 2 EL Olivenöl, Knoblauch und Rosmarin mischen. Auf dem Blech verteilen und im Ofen (Mitte) ca. 20–25 Min. backen.

2 Inzwischen die Nudeln in Salzwasser nach Packungsanweisung garen. Die Tomaten waschen und jeweils vierteln. Für das Dressing Zitronensaft, Essig sowie etwas Salz und Pfeffer verrühren. Das restliche Olivenöl (3 EL) darunterschlagen.

3 Für die Hackbällchen die Semmelbrösel mit der Milch in einer Schüssel mischen und kurz quellen lassen. Hackfleisch und Ajvar hinzufügen, mit Salz und Pfeffer würzen und alles zu einer glatten Masse verkneten. Die Hackmasse mit den Händen zu acht golfballgroßen Bällchen formen, dabei je 1 Olive in die Mitte geben. Das Öl zum Braten in einer beschichteten Pfanne erhitzen und die Hackbällchen darin rundum in ca. 10 Min. braun braten.

4 Die Nudeln in ein Sieb abgießen und abtropfen lassen. In einer Schüssel mit dem Gemüse aus dem Ofen, den Tomaten und dem Dressing mischen. Den Salat mit Salz und Pfeffer abschmecken und noch warm mit den Hackbällchen servieren.

IT'S MAGIC!

Schneller und einfacher als ganze Brötchen einweichen, aber genauso effektiv für lockere Hackbällchen: Semmelbrösel mit etwas Milch einweichen. Die Brösel saugen die Milch auf und machen die Bällchen so besonders locker. Ohne Einweichen würden sie Feuchtigkeit aus der Hackfleischmasse aufsaugen, was die Hackbällchen trocken macht.

SCHNELLE HÜHNERSUPPE

1 l Hühnerbrühe (z. B. aus Instantpulver zubereitet)
3 Möhren
4 Stangen Staudensellerie
150 g TK-grüne-Bohnen
200 g Hähnchenbrustfilet
75 g Couscous
½ Bio-Zitrone
½ Bund Petersilie
½ TL Chiliflocken
Salz | Pfeffer
–
Für 2 Personen
20 Min. Zubereitung
Pro Portion ca. 360 kcal

1 Die Brühe in einem Topf aufkochen. Inzwischen die Möhren putzen, schälen und in kleine Würfel schneiden. Den Sellerie putzen, waschen und in schmale Scheiben schneiden.

2 Möhren, Sellerie und gefrorene Bohnen in die Brühe geben. Die Brühe erneut aufkochen und das Gemüse darin ca. 7 Min. garen.

3 Inzwischen das Hähnchenbrustfilet quer in ca. 3 mm breite Streifen schneiden. Die Hähnchenstreifen und den Couscous in die Suppe geben und alles ca. 5 Min. weitergaren.

4 Inzwischen die Zitrone heiß waschen und trocken reiben, die Schale fein abreiben. Die Petersilie waschen und trocken schütteln. Die Blätter abzupfen, fein hacken und mit der Zitronenschale und den Chiliflocken mischen. Die Mischung mit Salz würzen.

5 Die Suppe mit Salz und Pfeffer abschmecken und in Schalen anrichten. Mit etwas Petersilienmischung bestreuen. Die restliche Petersilienmischung extra dazu reichen.

Meine Prise Magie

für frisches Aroma

Das Topping aus Petersilie, Zitronenschale und Chili hat eine gute Balance aus Würze, Zitrusaroma und Schärfe. Das gibt dem Suppenklassiker ein erfrischendes Aroma und macht ihn noch besser.

OFENRISOTTO MIT ZUCCHINI

4 Zweige Thymian
200 g Risotto-Reis
650 ml Gemüsebrühe
30 g Butter
½ Bund Basilikum
3 EL Olivenöl
Salz
40 g Parmesan (oder Montello)
40 g Walnusskerne
1 Zucchino (ca. 300 g)
Pfeffer

AUSSERDEM
Auflaufform (ca. 28 × 18 cm; mit Deckel, alternativ Alufolie)
Spiralschneider
–
Für 2 Personen
50 Min. Zubereitung
Pro Portion ca. 860 kcal

1 Den Backofen auf 200° vorheizen. Den Thymian waschen und trocken schütteln. Den Risotto-Reis mit der Gemüsebrühe, der Butter und dem Thymian in der Auflaufform mischen.

2 Die Auflaufform mit einem gut schließenden Deckel oder mit einem Stück Alufolie fest verschließen. Den Risotto im Ofen (Mitte) ca. 45 Min. garen.

3 Inzwischen das Basilikum waschen und trocken schütteln. Die Blätter von den Stielen zupfen und mit 2 EL Öl im Blitzhacker fein pürieren. Das Basilikumöl mit etwas Salz abschmecken.

4 Vom Parmesan (oder Montello) mit einem Sparschäler einige dünne Späne abziehen, den restlichen Parmesan fein reiben. Die Walnüsse in einer Pfanne ohne Fett rösten, bis sie zu duften beginnen, dann aus der Pfanne nehmen und grob hacken.

5 Den Zucchino putzen, waschen und mit einem Spiralschneider in beliebige »Nudeln« schneiden. Alternativ mit einem Sparschäler von dem Zucchino der Länge nach breite Streifen abziehen, sodass »Bandnudeln« entstehen.

6 Das restliche Olivenöl (1 EL) in einer weiten Pfanne erhitzen. Die Zucchini-Nudeln darin unter Wenden ca. 5 Min. braten, anschließend mit Salz und Pfeffer würzen.

7 Den Risotto aus dem Ofen nehmen und den geriebenen Parmesan unterrühren. Mit Salz und Pfeffer abschmecken und auf Tellern anrichten.

8 Die Zucchini-Nudeln auf dem Risotto verteilen und alles mit Nüssen bestreuen sowie mit Parmesanspänen garnieren. Zum Schluss mit etwas Basilikumöl beträufeln. Das restliche Basilikumöl extra zum Risotto reichen.

Meine Zauberformel

für Risotto ohne Rühren

Ganz ohne ermüdendes Rühren zum stressfreien Risotto: Im Ofen gart das Reisgericht von ganz allein. Wichtig ist dabei, dass die Form gut verschlossen ist. Dann entwickelt sich Wasserdampf, der den Reis gleichmäßig aufquellen lässt. So bleibt genug Zeit, schon mal die aromatischen Toppings zuzubereiten, den Tisch zu decken und einen entspannten Feierabend zu genießen.

GRATINIERTES SCHWEINEFILET MIT KRAUTSALAT

SCHWEINEFILET
300 g Schweinefilet
Salz | Pfeffer
1 EL Rapsöl
1 gehäufter EL körniger Senf
1 Spritzer Ahornsirup (oder Honig)
25 g Semmelbrösel

KRAUTSALAT
½ Spitzkohl (ca. 350 g)
Salz
1 Möhre
3 Frühlingszwiebeln
40 g getrocknete Soft-Aprikosen
25 g Mayonnaise
50 g Joghurt
50 g Buttermilch
1 EL Apfelessig
Pfeffer
–
Für 2 Personen
25 Min. Zubereitung
Pro Portion ca. 470 kcal

1 Für das Filet den Backofen auf 200° vorheizen. Das Schweinefilet in 2 Medaillons schneiden. Die Medaillons trocken tupfen, etwas flach drücken, salzen und pfeffern. Das Öl in einer Pfanne erhitzen und die Medaillons darin bei großer Hizte unter Wenden 3–4 Min. scharf anbraten. In eine flache Auflaufform setzen. Senf, Ahornsirup und Semmelbrösel verrühren. Die Masse auf die Medaillons geben und festdrücken. Im Ofen (Mitte) 10–15 Min. gratinieren.

2 Inzwischen für den Salat den Kohl waschen, von den Außenblättern befreien und in schmalen Streifen vom Strunk hobeln. In einer Schüssel mit etwas Salz bestreuen und kurz durchkneten. Die Möhre putzen, schälen und grob raspeln. Die Frühlingszwiebeln putzen, waschen und in schmale Ringe schneiden. Die Aprikosen klein würfeln. Alles zum Kohl geben. Mayonnaise, Joghurt, Buttermilch und Essig glatt verrühren. Das Dressing mit Salz und Pfeffer abschmecken, zur Kohlmischung geben und alles mischen. Mit den gratinierten Medaillons servieren.

IT'S MAGIC!

Das Kneten des Spitzkohls bricht die Zellstruktur und macht die Blätter weicher. So wird der Kohl bekömmlicher und verbindet sich besser mit dem Dressing. Da Spitzkohl zarter ist als Weißkohl, reicht eine Kurzmassage völlig aus. So wird der Salat schön saftig. Er lässt sich auch gut vorbereiten und wird mit Zeit zum Durchziehen sogar noch aromatischer.

JAPANISCHER PFANNKUCHEN

PFANNKUCHEN
1 EL geschälter Sesam
3 Frühlingszwiebeln
½ kleiner Chinakohl (ca. 300 g)
1 große Möhre
4 Eier (M)
Salz | Pfeffer
1–2 EL Mineralwasser (mit Kohlensäure)
100 g Mehl (Type 405)
¼ TL Backpulver
1 EL helle Misopaste (Shiro-Miso)
2 EL Öl

MISO-MAYO UND DEKO
2 EL Mayonnaise
½ TL helle Misopaste (Shiro-Miso)
½ Avocado
–
Für 2 Personen
30 Min. Zubereitung
Pro Portion ca. 685 kcal

1 Den Sesam in einer beschichteten Pfanne (ca. 26 cm ∅) ohne Fett goldbraun anrösten, dann herausnehmen und abkühlen lassen.

2 Die Frühlingszwiebeln putzen, waschen und in schmale Ringe schneiden. Vom Chinakohl, falls nötig, die äußeren Blätter entfernen. Den Kohl waschen, trocken tupfen und in schmalen Streifen vom Strunk schneiden. Die Möhre putzen, schälen und mit der Küchenreibe grob raspeln.

3 Die Eier verquirlen. Salz, Pfeffer, Mineralwasser, Mehl, Backpulver und 1 EL Misopaste unterrühren, sodass ein dickflüssiger Teig entsteht. Frühlingszwiebeln, Kohl und Möhre dazugeben und mit einem Kochlöffel gut untermischen.

4 Das Öl in der Pfanne erhitzen. Die Pfannkuchenmasse darin verteilen, leicht andrücken und ca. 4 Min. braten. Dann den Pfannkuchen wenden und ca. 4 Min. weiterbraten.

5 Inzwischen für die Miso-Mayo die Mayonnaise mit 1 EL Wasser und der Misopaste glatt rühren. Das Avocadofruchtfleisch mit einem Löffel am Stück aus der Schale lösen und anschließend in schmale Spalten schneiden. Die Miso-Mayo in Linien über den Pfannkuchen ziehen. Die Avocadospalten dekorativ darauflegen und alles mit Sesam bestreuen.

Meine Zauberformel

fürs Wenden

Den Pfannkuchen mit einem Pfannenwender von der Pfanne lösen. Einen großen Topfdeckel oder Teller auf die Pfanne legen. Die Pfanne samt Deckel oder Teller schwungvoll umdrehen. Dann den Pfannkuchen vom Deckel oder Teller mit der Unterseite oben sanft zurück in die Pfanne gleiten lassen.

Fünf Zaubertricks für stressfreies Kochen und einen fixen Feierabend

MEAL PREP

TRICK 1: WOCHENPLAN

Klingt altmodisch und unsexy, macht aber Sinn: einmal in der Woche überlegen, was man an welchem Tag kochen will, am besten gemeinsam mit allen Haushaltsmitgliedern. Dabei berücksichtigen, was an dem jeweiligen Tag ansteht – kommen Gäste, ist besonders viel oder wenig Zeit, steht Sport an? Mehr als Zettel und Stift oder ein digitales Pendant musst du dafür nicht aus dem Hut zaubern.

TRICK 2: EINKAUFSLISTE UND VORRATSCHECK

Wenn der Plan steht, die Zutatenlisten für die Gerichte und die Vorräte checken und auf eine Einkaufsliste alles schreiben, was fehlt. Dann ist es kein Hexenwerk mehr, mit einem Einkauf gleich alles für mehrere Tage zu besorgen und so viel Zeit zu sparen. Weiterer Pluspunkt: Die Ausrede »Heute gibt es nun doch wieder einmal Nudeln mit Tomatensauce, weil wir den Spinat für die Nudeln mit gepufften Tomaten nicht zu Hause hatten« wird plötzlich wie weggezaubert sein …

TRICK 3: CLEVER PLANEN PLUS BOXENCHECK

Bei jedem Gericht schauen, was sich vorbereiten lässt: Manche Speisen lassen sich komplett vorab zaubern und dann kalt stellen oder einfrieren. Bei anderen macht es Sinn, z. B. den Dip vorab zu machen oder das Gemüse klein zu schneiden und so am Zubereitungstag Zeit zu sparen. Um die Gerichte lange frisch zu halten, kontrollieren, ob genügend Vorratsdosen und -gläser und Platz im Kühl- und Gefrierschrank vorhanden sind. Für Zeiten, in denen wegen Zeitmangel die Wochenplanung auf der Strecke bleibt, verwandeln ein paar »Notfallgerichte« den Gefrierschrank ruckzuck zur Zauberkiste.

TRICK 4: PREP-DAY

Einen Tag, z. B. am Wochenende, oder Abend in der Woche auswählen, an dem du Zeit hast, Gerichte oder einzelne Komponenten für die Gerichte der folgenden Tage vorzubereiten. Zusammen mit dem Partner oder der Partnerin oder Freunden macht's noch mehr Spaß!

TRICK 5: PROJEKTMANAGEMENT

Um nicht den Überblick zu verlieren und die Zeit clever zu nutzen, alle Rezepte schon vorab gut durchlesen und dabei überlegen, welche Zubereitungsschritte oder Komponenten wie lange brauchen. Alles, was länger im Ofen oder auf dem Herd garen muss, als erstes auf die Spur bringen. Die Garzeiten dann nutzen, um z. B. Dips zu mixen, Gemüse kleinzuschneiden oder Ähnliches. In meinen Rezepten habe ich das schon berücksichtigt.

GANZ KREATIV

TEX-MEX-BLECH MIT CRÈME-FRAÎCHE-DIP

TEX-MEX-BLECH

1 Dose schwarze Bohnen (265 g Abtropfgewicht)
1 große gelbe Paprika
150 g Kirschtomaten
300 g Süßkartoffeln
250 g Hähnchenbrustfilet
50 g Chipotle in Adobo (aus der Dose; Chilischoten in würzig-pikanter Tomatensauce)
1 EL Olivenöl
Salz | Pfeffer
2 Frühlingszwiebeln

DIP

½ Bund Koriandergrün (ersatzweise Petersilie)
1 Bio-Limette
60 g Crème fraîche
Salz

–

Für 2 Personen
35 Min. Zubereitung
Pro Portion ca. 615 kcal

1 Für das Tex-Mex-Blech den Backofen auf 200° vorheizen. Ein Backblech mit Backpapier belegen. Die Bohnen in ein Sieb abgießen, kalt abbrausen und gut abtropfen lassen. Die Paprika waschen, längs halbieren, entkernen und in grobe Würfel schneiden. Die Tomaten waschen. Die Süßkartoffeln schälen, waschen und in ca. 2 cm große Würfel schneiden. Das Hähnchenbrustfilet trocken tupfen und quer in schmale Streifen schneiden.

2 In einer Schüssel 40 g Chipotle mit dem Olivenöl verrühren, die Mischung mit Salz und Pfeffer würzen. Bohnen, Paprika, Süßkartoffeln und Hähnchen dazugeben und alle vermischen. Die Mischung auf dem Blech verteilen, die Tomaten dazwischen verteilen. Im Ofen (Mitte) ca. 25 Min. backen.

3 Inzwischen für den Dip den Koriander waschen, trocken schütteln und mitsamt den feinen Stielen klein hacken. Die Limette heiß waschen, und trocken reiben, die Schale fein abreiben. Die Frucht halbieren, aus einer Hälfte den Saft auspressen. Die Crème fraîche mit der Limettenschale und dem -saft verrühren, den Koriander unterrühren. Den Dip mit Salz abschmecken.

4 Die Frühlingszwiebeln putzen, waschen und in schmale Ringe schneiden. Das Tex-Mex-Blech aus dem Ofen nehmen, mit Frühlingszwiebeln bestreuen und restliche Chipotle (10 g) darüber klecksen. Mit dem Dip servieren.

Meine Prise Magie

für Mexiko-Feeling

In würziger Tomatensauce eingekochte Chipotle-Chilischoten sind ein echtes Geschmackswunder aus Mexiko und mittlerweile auch bei uns in vielen Supermärkten in kleinen Dosen oder Gläsern zu finden. Sie bringen neben Schärfe ein rauchiges Aroma und eine leichte Säure in Gerichte, was mehr Tiefe verleiht. Es hält sich im Kühlschrank mehrere Monate und würzt auch andere mexikanische Gerichte, Schmorgerichte oder Eintöpfe.

Mein fantastische Idee

für Vegetarier

Statt Fleisch die gleiche Menge Tempeh verwenden. In ca. 1 cm breite Stücke schneiden und mit Gemüse und Öl mischen.

STEAKS MIT FETA-CREME UND HARISSA-MÖHREN

HARISSA-MÖHREN
500 g schmale Bundmöhren
3 TL Harissa (scharfe Würzpaste)
3 TL Ahornsirup
3 TL Olivenöl

FETA-CREME
100 g Schafskäse (Feta)
40 g Doppelrahmfrischkäse
Pfeffer
5 Stängel Minze
5 Stängel Petersilie

COUSCOUS
1 Zwiebel
1 EL Olivenöl
½ TL Zimtpulver
½ TL gemahlener Kreuzkümmel
100 g Couscous
Salz | Pfeffer

STEAKS
2 Rumpsteaks (à ca. 180 g)
Salz
ca. 1 EL Öl zum Braten
–
Für 2 Personen
35 Min. Zubereitung
Pro Portion ca. 845 kcal

1 Für die Möhren den Backofen auf 200° vorheizen. Ein Backblech mit Backpapier belegen. Die Möhren putzen, waschen, trocken tupfen und jeweils längs vierteln. Harissa, Ahornsirup und Olivenöl verrühren. Die Möhren untermischen. Möhren auf dem Blech verteilen, sodass sie möglichst nicht übereinanderliegen, und im Ofen (Mitte) ca. 25 Min. backen.

2 Inzwischen für die Feta-Creme den Feta zerbröckeln und mit dem Frischkäse im Blitzhacker in ca. 4 Min. cremig mixen, bei Bedarf ca. 1 EL Wasser hinzufügen. Mit Pfeffer abschmecken. Minze und Petersilie waschen und trocken schütteln. Die Blätter abzupfen, fein hacken und unter die Creme heben.

3 Für den Couscous die Zwiebel schälen und fein würfeln. Das Olivenöl in einem Topf erhitzen und die Zwiebel darin andünsten. Zimt und Kreuzkümmel dazugeben und kurz mit anschwitzen. Couscous, ca. 120 ml Wasser (je nach Packungsanweisung) und ½ TL Salz dazugeben. Aufkochen, vom Herd nehmen und zugedeckt ca. 5 Min. ziehen lassen.

4 Die Steaks trocken tupfen und salzen. Das Öl in einer Pfanne erhitzen und die Steaks darin unter Wenden je nach Dicke in 6–8 Min. medium braten. Herausnehmen, abgedeckt ca. 5 Min. ruhen lassen.

5 Couscous mit einer Gabel auflockern, mit Salz und Pfeffer abschmecken und zusammen mit Möhren, Feta-Creme und Steaks auf Tellern anrichten.

Meine fantastische Idee

für attraktive Teller

Die Feta-Creme mit einem Löffel mittig auf den Tellern ausstreichen. Die Möhren – besonders schön, wenn noch etwas Grün dran ist – darauflegen. Den Couscous leicht aufgehäuft auf einer Seite danebengeben. Das Steak auf der anderen Seite der Möhren anrichten.

LAUWARMER KÜRBIS-KICHERERBSEN-SALAT

SALAT

1 Dose Kichererbsen (265 g Abtropfgewicht)
½ Butternuss-Kürbis (ca. 500 g)
1 große rote Zwiebel
2 EL Olivenöl
1 TL geräuchertes Paprikapulver (Pimentón de la vera)
Salz | Pfeffer
50 g Rauchmandeln
100 g Feldsalat

DRESSING

25 g helle Misopaste (Shiro-Miso)
1 TL Apfelessig
1 TL Ahornsirup
3 TL Olivenöl
Salz | Pfeffer

–

Für 2 Personen
30 Min. Zubereitung
Pro Portion ca. 565 kcal

1 Backofen auf 225° vorheizen. Ein Backblech mit Backpapier belegen. Kichererbsen in einem Sieb kalt abbrausen und abtropfen lassen, gut trocken tupfen. Kürbis schälen, entkernen und 2–3 cm groß würfeln. Zwiebel schälen, halbieren und in schmale Spalten schneiden. Olivenöl mit Paprikapulver sowie etwas Salz und Pfeffer verrühren. Kichererbsen, Kürbis und Zwiebel untermischen. Auf dem Blech verteilen und im Ofen (Mitte) ca. 20 Min. backen.

2 Inzwischen für das Dressing Miso, Essig, Ahornsirup, Öl und 25 ml Wasser in einem hohen Rührbecher mixen. Mit Salz und Pfeffer abschmecken.

3 Mandeln grob hacken. Feldsalat putzen, waschen, trocken schleudern und auf einer Platte oder in einer Salatschüssel auslegen. Kichererbsen-Kürbis-Mix darauf anrichten und mit etwas Dressing beträufeln. Mit Mandeln bestreuen. Übriges Dressing extra dazu reichen. Sofort servieren.

Meine Prise Magie

für schöne Salate

Der Trick ist hier, nicht schon vor dem Essen alles zu mischen. Besser erst die voluminösen Blätter als Bett auslegen und darauf den Kichererbsen-Kürbis-Mix geben. Vom Dressing nur eine kleine Menge darüberträufeln, so bleibt alles appetitlich und wirkt nicht matschig. Zum Schluss mit den Mandeln toppen.

FISCH-TACOS MIT TOMATEN-SALSA

FISCH-TACOS

2 Lachsfilets (à ca. 150 g; ohne Haut)
½ TL gemahlener Kreuzkümmel
½ TL getrockneter Oregano
½ edelsüßes Paprikapulver
½ TL Chilipulver
Salz | Pfeffer
1 EL Öl
1 kleine, reife Avocado
½ Bund Koriandergrün
2 Vollkorn-Tortillafladen
Chilisauce zum Servieren (nach Belieben)

SALSA

150 g Kirschtomaten
1 kleine, reife Mango
2 Frühlingszwiebeln
½ TL Zucker
2 EL Limettensaft
Salz | Pfeffer

–

Für 2 Personen
25 Min. Zubereitung
Pro Portion ca. 800 kcal

1 Für die Tacos die Lachsfilets trocken tupfen. Kreuzkümmel, Oregano, Paprikapulver, Chilipulver sowie etwas Salz und Pfeffer mischen. Die Lachsfilets in der Würzmischung wenden. Das Öl in einer beschichteten Pfanne erhitzen und den Lachs darin auf jeder Seite ca. 5 Min. braten.

2 Inzwischen für die Salsa die Tomaten waschen, trocken tupfen und jeweils vierteln. Die Mango schälen. Das Fruchtfleisch zuerst vom Stein, dann in schmale Spalten und nach Belieben noch in Würfel schneiden. Die Frühlingszwiebeln putzen, waschen und in schmale Ringe schneiden. Den Zucker mit dem Limettensaft in einer Schüssel verrühren, bis er sich gelöst hat. Tomaten, Mango und Frühlingszwiebeln untermischen. Die Salsa mit Salz und Pfeffer abschmecken.

3 Die Avocado halbieren und den Kern entfernen. Das Fruchtfleisch mit einem Löffel aus der Schale lösen und in einer Schüssel mit einer Gabel zerdrücken. Mit Salz abschmecken. Den Koriander waschen, trocken schütteln und mitsamt den zarten Stielen hacken. Die Tortillafladen in einer Pfanne ohne Fett in ca. 1 Min. aufbacken.

4 Die Fladen auf Teller geben und mit der Avocado bestreichen. Je 1 Stück Lachs daraufgeben und mit einer Gabel etwas auffächern. Die Salsa darübergeben und mit Koriander bestreuen. Sofort servieren und nach Belieben Chilisauce dazu reichen.

IT'S MAGIC!

Für schnelle Mangowürfel die Mango auf die Arbeitsfläche »fallen« lassen – sie dreht sich automatisch so, dass der Kern in der Frucht parallel zur Arbeitsfläche liegt. Nun von der Mango die beiden »Bäckchen« links und rechts vom Kern abschneiden. Dann das Fruchtfleisch der Bäckchen erst längs, dann quer tief einschneiden. Die Haut nach oben drücken, sodass die eingeschnittenen Stücke wie die Stacheln eines Igels nach oben stehen. Jetzt kannst du die vorgeschnittenen Würfel einfach von der Haut schneiden.

LINSEN-SHAKSHUKA MIT KÜRBIS

1 Zwiebel
1 Knoblauchzehe
½ Hokkaido-Kürbis (ca. 500 g)
1 EL Olivenöl
ca. 1 TL gemahlener Kreuzkümmel
ca. 1 TL gemahlene Kurkuma
100 g rote Linsen
1 Dose stückige Tomaten (400 g)
Salz | Pfeffer
4 Eier (M)
1 Bund Petersilie
80 g griechischer Joghurt (5 % Fett)
Chilisauce zum Servieren (nach Belieben, z. B. Sriracha)

–

Für 2 Personen
35 Min. Zubereitung
Pro Portion ca. 625 kcal

1 Die Zwiebel und den Knoblauch schälen und in feine Würfel schneiden. Den Kürbis waschen und entkernen. Das Fruchtfleisch mitsamt der Schale in ca. 2 cm große Würfel schneiden.

2 Das Öl in einer hohen Pfanne erhitzen. Die Zwiebel darin andünsten, den Knoblauch dazugeben und kurz mitdünsten. Den Kürbis hinzufügen und alles unter Wenden ca. 5 Min. weiterdünsten. Mit Kreuzkümmel und Kurkuma bestäuben, kurz anschwitzen.

3 Die Linsen dazugeben. Die Tomaten und 150 ml Wasser hinzufügen. Alles mit etwas Salz und Pfeffer würzen und aufkochen. Anschließend zugedeckt ca. 10 Min. zugedeckt köcheln lassen, dabei ab und zu umrühren und bei Bedarf noch etwas mehr Wasser unterrühren. Das Linsenragout sollte am Ende nicht zu flüssig sein.

4 Mit einem Löffel vier Vertiefungen in das Linsenragout drücken. Die Eier einzeln in eine Tasse aufschlagen und in die Vertiefungen gleiten lassen. Zugedeckt 6–7 Min. garen, bis die Eier gestockt sind.

5 Inzwischen die Petersilie waschen und trocken schütteln, die Blätter von den Stielen zupfen und fein hacken. Den Joghurt glatt rühren und mit Salz abschmecken. Die Shakshuka mit einem Klecks Joghurt krönen, mit Petersilie bestreuen und nach Belieben mit Chilisauce servieren. Dazu passt Fladenbrot.

Meine fantastische Idee

für jede Jahreszeit

Die Shakshuka schmeckt je nach Saison auch mit anderen Gemüsesorten. Dabei kannst du diese auch mischen und so z. B. Reste aufbrauchen. Im Sommer sind Auberginen oder Zucchini das perfekte Gemüsematch. Im Herbst passen neben Kürbis auch Champignons. Im Winter sind Knollensellerie oder Steckrübe eine super Besetzung für den Gemüsepart. Und im Frühling schmecken junge Möhren oder grüner Spargel richtig gut. Gemüse in mundgerechte Stücke schneiden und je nach Sorte das Andünsten etwas verkürzen.

WEISSE FLADENBROT-PIZZA

1 türkisches Fladenbrot (ca. 200 g)
10 g getrocknete Steinpilze
¼ TL getrockneter Oregano
1 EL grobes Meersalz
40 g Parmesan
125 g Ricotta
Pfeffer
150 g braune Champignons
100 g grobe italienische Bratwurst (oder andere grobe Bratwurst)
125 g Mozzarella
2 Knollen Fenchel
1 kleine rote Zwiebel
1 Orange
2 EL Olivenöl
1 TL Zitronensaft
Salz

–

Für 2 Personen
25 Min. Zubereitung
Pro Portion ca. 940 kcal

1 Backofen auf 225° vorheizen. Ein Backblech mit Backpapier belegen. Das Brot waagerecht aufschneiden, die Hälften mit den Schnittflächen nach oben auf das Blech legen. Steinpilze mit Oregano und Meersalz im Blitzhacker fein mixen oder im Mörser zerstoßen. Den Parmesan fein reiben oder im Blitzhacker zerkleinern. Ricotta, Parmesan und 1 TL Steinpilzsalz verrühren, mit Pfeffer abschmecken. Die Ricottamischung auf die Brothälften streichen.

IT'S MAGIC! ★

Zum Filetieren der Orange mit einem scharfen Messer oben und unten je eine schmale »Kappe« abschneiden. Frucht mit einer Anschnittseite auf ein Brett stellen und rundum, von oben nach unten, die Schale vom Fruchtfleisch schneiden. Schalen auspressen, Saft auffangen. Frucht in die Hand nehmen und die Filets zwischen den Häutchen herausschneiden, austretenden Saft auffangen. Trennhäute ausdrücken.

2 Die Pilze putzen und in dünne Scheiben hobeln oder schneiden. Das Wurstbrät in kleinen Stücken aus der Pelle drücken. Den Mozzarella trocken tupfen und in dünne Scheiben schneiden. Die Brote mit Pilzen, Wurstbrät und Mozzarella belegen. Im Ofen (Mitte) 12–15 Min. backen.

3 Inzwischen den Fenchel putzen, waschen, längs halbieren und quer in schmale Scheiben hobeln oder schneiden. Die Zwiebel schälen, halbieren und ebenfalls in schmale Scheiben hobeln oder schneiden. Die Orange so schälen, dass auch die weiße Haut entfernt wird und filetieren, austretenden Saft dabei in einer Schüssel auffangen (siehe links »It's magic«). Öl, Zitronensaft sowie etwas Salz und Pfeffer unter den Saft rühren. Fenchel, Zwiebel und Orangenfilets untermischen. Die Pizzen eventuell noch mit etwas Steinpilzsalz bestreuen und mit dem Salat servieren.

Meine Prise Magie

für mehr Umami

Neben süß, sauer, salzig und bitter gibt es noch das würzig-herzhafte »Umami«. Getrocknete Steinpilze sind umamireich und wirken mit Salz wie ein Geschmacksverstärker. Parmesan und Bratwurst liefern als weitere Umami-Bomben der Pizza noch mehr Aroma. Auch umamireich: reife und getrocknete Tomaten, Tomatenmark, reife Käse, Fleisch(brühen), andere Pilze (z. B. Shiitake) und (gut zum Pimpen von faden Speisen) Sojasauce und Miso.

ASIA-NUDELBOWL

BOWL-MISCHUNG
250 g Udon-Nudeln
2 Eier (M)
400 g Endivie
2 Frühlingszwiebeln
25 g Cashewkerne
1 EL Rapsöl
Salz

SAUCE
2 EL Tahin (Sesampaste)
1 EL Sojasauce
ca. 2 TL Zitronensaft
ca. 1 TL Ahornsirup
Salz | Pfeffer
½ Bund Koriandergrün
Chilisauce zum Servieren (nach Belieben, z. B. Sriracha)

–

Für 2 Personen
25 Min. Zubereitung
Pro Portion ca. 805 kcal

1 Für die Bowl-Mischung die Nudeln nach Packungsanweisung garen. Die Eier in kochendem Wasser in ca. 6 Min. wachsweich garen. Die Endivie putzen, waschen, trocken schütteln und quer in ca. 1 cm breite Streifen schneiden. Die Frühlingszwiebeln putzen, waschen und in schmale Ringe schneiden, die grünen Zwiebelringe beiseitelegen.

2 Die Cashewkerne in einer Pfanne ohne Fett unter Wenden anrösten, dann herausnehmen, kurz abkühlen lassen und grob hacken. Das Öl in der Pfanne erhitzen und die hellen Teile der Frühlingszwiebeln darin 1–2 Min. andünsten. Dann nach und nach die Endivienstreifen dazugeben und unter gelegentlichem Wenden in ca. 5 Min. zusammenfallen lassen. Mit Salz würzen.

3 Inzwischen für die Sauce das Tahin mit Sojasauce, 1 TL Zitronensaft, 1 TL Ahornsirup und 1–2 EL Wasser glatt verrühren. Eventuell etwas mehr Wasser unterrühren, bis eine dickflüssige Konsistenz entstanden ist (ähnlich griechischem Joghurt). Mit Salz, Pfeffer und eventuell etwas Zitronensaft und Ahornsirup abschmecken. Den Koriander waschen, trocken schütteln und mitsamt den feinen Stielen grob hacken.

4 Die Nudeln in ein Sieb abgießen und gut abtropfen lassen. Die Eier pellen und halbieren. Alles mit der Sesamsauce anrichten und mit Cashewkernen und Koriander bestreuen. Nach Belieben mit Chilisauce servieren.

Meine Zauberformel

für Bowls, die richtig Appetit machen

Statt alles mit der Sauce zu mischen – was lecker ist, aber nicht besonders attraktiv aussieht – die Sauce als erstes auf den Teller oder in die Schale geben, mit einem Esslöffel etwas verstreichen. Dann alle anderen Zutaten dekorativ darauf anrichten. So sind alle Komponenten des Gerichtes appetitlich zu sehen. Gemischt wird dann direkt beim Essen.

INDISCHER LACHS VOM BLECH

LACHS VOM BLECH

500 g vorwiegend festkochende Kartoffeln
250 g Blattspinat
3 EL Olivenöl
1 TL mildes Currypulver
½ TL Pul Biber
250 g Lachsfilet (mit Haut)
1 EL Tandooripulver (Tandoor Masala; aus dem Asialaden oder gut sortierten Supermarkt)

RAITA

½ säuerlicher Apfel
5 Stängel Koriandergrün
150 g griechischer Joghurt (10 % Fett)
¼ TL gemahlener Kreuzkümmel
Salz

–

Für 2 Personen
40 Min. Zubereitung
Pro Portion ca. 685 kcal

1 Für den Lachs vom Blech den Backofen auf 200° vorheizen. Ein Backblech mit Backpapier belegen. Die Kartoffeln gründlich waschen oder nach Belieben schälen und in ca. 2 cm breite Spalten schneiden. Den Spinat verlesen, waschen, gut trocken schleudern und je nach Größe der Blätter ganz lassen oder in grobe Stücke schneiden.

2 In einer großen Schüssel 2 EL Olivenöl mit Currypulver, Pul Biber und ca. ½ TL Salz verrühren. Die Kartoffeln und den Spinat untermischen, sodass alles gut mit Öl benetzt ist. Alles auf dem Blech verteilen und im Ofen (Mitte) ca. 10 Min. backen. Dann alles einmal durchrühren, sodass die zusammengefallenen Spinatblätter sich gut verteilen, und noch ca. 5 Min. weiterbacken.

3 Inzwischen das Lachsfilet trocken tupfen. Das Tandooripulver mit dem restlichen Olivenöl (1 EL) verrühren. Den Lachs mit dem Würzöl bestreichen und mit der Hautseite nach oben auf die Kartoffeln-Spinat-Mischung legen. Alles ca. 15 Min. weiterbacken, bis die Kartoffeln und der Lachs gar sind.

4 Für das Raita den Apfel schälen und das Fruchtfleisch rund ums Kerngehäuse fein in eine Schüssel raspeln. Den Koriander waschen, trocken schütteln und mitsamt den zarten Stielen fein hacken. Joghurt und Koriander mit den Apfelraspeln verrühren. Das Raita mit dem Kreuzkümmel würzen und mit Salz abschmecken. Zum Lachs vom Blech servieren.

IT'S MAGIC!

Im Ofen wird der Spinat herrlich aromatisch und nicht zu wässrig. Damit die Blätter nicht verbrennen, ist es wichtig, dass sie nach dem Durchrühren auf dem Blech alle gut mit Öl benetzt sind und zwischen den Kartoffeln liegen. Blätter, die am Rand liegen oder nicht gut benetzt sind, werden sonst beim Backen trocken.

Kleine Extras, die alles aufpeppen

GESCHMACKS-EXPLOSION!

SUPER SALATDRESSINGS

Vinaigrette für Blatt-, Tomaten-, Bohnen- oder Nudelsalat: 2 EL milden Essig, 1 TL Senf, 2 TL Honig, 6 EL Öl und Salz und Pfeffer in einem Schraubglas zum Dressing schütteln. Für cremiges Nussdressing 40 g Nuss- oder Mandelmus, 1 EL Öl, 3–4 EL Zitronensaft, 50 ml Wasser, 2 TL Senf, 1–2 TL Ahornsirup, Salz und Pfeffer pürieren – zu Blattsalaten, Salaten aus Ofengemüse oder Hülsenfrüchten.

SCHNELLE SAUCEN

Toll zu allen orientalischen Gerichten, aber auch zu Hackbällchen oder Reispfannen: 60 g Joghurt mit 40 g Tahin, 50 ml Wasser, 1–2 TL Zitronensaft, 1 Msp. gemahlenem Kreuzkümmel und Salz pürieren.
Für Tomatensauce je 1 gewürfelte Zwiebel und Knoblauchzehe in 1 EL Olivenöl andünsten, 1 Dose stückige Tomaten (400 g), 2 Stiele Basilikum, Salz und Pfeffer zugeben, aufkochen und bei mittlerer Hitze 10–15 Min. einkochen. Gut zu Pasta, Fleisch, gebratenem Gemüse und mehr.

DIPS

Für einen Mega-Mango-Dip das Fruchtfleisch von einer kleinen reifen Mango mit 150 g Schmand, etwas Currypulver, Salz und Cayennepfeffer pürieren – toll z. B. zu Spargel, Brokkoli, Blumenkohl, Hähnchenfilet oder Garnelen. Knaller zu Steaks, Fladenbrot, Ofengemüse, Bratkartoffeln und mehr: je 100 g Frischkäse und Schmand mit 2 EL scharfem Ajvar glatt rühren. Mit Salz und Pfeffer abschmecken.

KNUSPERTOPPINGS

Nüsse, Samen oder Kerne in wenig Öl unter Wenden rösten, mit etwas Salz würzen und 1–2 TL Harissa untermischen. Lieber weniger scharf? Dann mit grobem Pfeffer und 1 guten Prise Vanillepulver aromatisieren. Super für Fisch- oder Asiagerichte: Nori-Blätter mit der Schere direkt über dem Essen in schmale Streifen schneiden. Für Knoblauch-Croûtons Brot vom Vortag mit einer halbierten Knoblauchzehe kräftig einreiben, würfeln und in etwas Olivenöl rundum knusprig braten.

AROMASALZE

Herrliches Vanillesalz bekommst du, wenn du 1 ausgekratzte Vanilleschote in ein Schraubglas mit Salz legst – ein Hit zum Aromatisieren von Fisch und Meeresfrüchten, Salatdressing, Tomatensauce oder hellen Gemüsecremesuppen. Für Zitrussalz einen breiten Streifen Schale von Bio-Zitronen oder -Orangen mit dem Sparschäler abziehen und in ein Schraubglas mit Salz geben – bringt Frische in jedes Gericht.

Register

A/B/C

E/F/G

H/I/J

K/L

M/N/O

P/R

S

T/W/Z

AUTORIN UND FOTOGRAFIN

dieses relaxten Feierabend-Foods

INGA PFANNEBECKER

... war jahrelang Food-Redakteurin bei namhaften Zeitschriften, bevor sie sich als freie Journalistin und Buchautorin selbstständig machte. Ihre Leidenschaft für gutes Essen setzt sie am liebsten in Rezepten um, in denen sich guter Geschmack und gesunde Ernährung perfekt ergänzen. Den Familientisch, der in Amsterdam steht, teilt sie mit Mann und Tochter.

www.ingapfannebecker.com

JULIA HOERSCH

... ist eine vielfach ausgezeichnete Fotografin. Sie arbeitet als freie Fotografin in Hamburg für zahlreiche renommierte Magazine, Agenturen und Buchverlage. Eines ihrer Lieblingsthemen ist Food, wie die stimmungsvollen, geradezu magischen Fotos in diesem Buch beweisen. Foodstyling machte Katja Baum, um die Requisite kümmerte sich Meike Graf.

www.juliahoersch.de

APPETIT AUF MEHR?

ISBN 978-3-8338-7145-0

ISBN 978-3-8338-7946-3

ISBN 978-3-8338-8444-3

ISBN 978-3-8338-7581-6

ISBN 978-3-8338-7556-4

ISBN 978-3-8338-6453-7

Alle hier vorgestellten Bücher sind auch als eBook erhältlich.

Mehr von GU auf **www.gu.de** und **facebook.com/gu.verlag**

Impressum

GU ist eine eingetragene Marke der GRÄFE UND UNZER VERLAG GmbH, www.gu.de

ISBN 978-3-8338-8449-8
1. Auflage 2022

Projektleitung: Monika Greiner
Lektorat: Karin Kerber
Korrektorat: Anne-Sophie Zähringer
Gesamtgestaltungt: ki36 Editorial Design, München, Sabine Krohberger
Herstellung: Petra Roth
Satz: Reemers Publishing Services GmbH
Reproduktion: Medienprinzen GmbH, München
Druck und Bindung: Firmengruppe APPL, aprinta druck, Wemding
Printed in Germany

Bildnachweis:
Julia Hoersch, Hamburg: Cover und Bilder Innenteil
Maud Fontaine: Autorenporträt S. 4
Noun Project: Piktogramme S. 4-5, 59

Syndication: www.seasons.agency

Umwelthinweis:
Nachhaltigkeit ist uns sehr wichtig. Der Rohstoff Papier ist in der Buchproduktion hierfür von entscheidender Bedeutung. Daher ist dieses Buch auf PEFC-zertifiziertem Papier gedruckt. PEFC garantiert, dass ökologische, soziale und ökonomische Aspekte in der Verarbeitungskette unabhängig überwacht werden und lückenlos nachvollziehbar sind.

Die GU-Homepage finden Sie unter www.gu.de

Ein Unternehmen der
GANSKE VERLAGSGRUPPE

QUALITÄTS GARANTIE

LIEBE LESERINNEN UND LESER,

wir wollen Ihnen mit diesem Buch Informationen und Anregungen geben, um Ihnen das Leben zu erleichtern oder Sie zu inspirieren, Neues auszuprobieren. Wir achten bei der Erstellung unserer Bücher auf Aktualität und stellen höchste Ansprüche an Inhalt und Gestaltung. Alle Anleitungen und Rezepte werden von unseren Autoren, jeweils Experten auf ihren Gebieten, gewissenhaft erstellt und von unseren Redakteur*innen mit größter Sorgfalt ausgewählt und geprüft.

Haben wir Ihre Erwartungen erfüllt? Sind Sie mit diesem Buch und seinen Inhalten zufrieden? Wir freuen uns auf Ihre Rückmeldung. Und wir freuen uns, wenn Sie diesen Titel weiterempfehlen, in Ihrem Freundeskreis oder bei Ihrem Online-Kauf.

Sollten wir Ihre Erwartungen so gar nicht erfüllt haben, tauschen wir Ihnen Ihr Buch jederzeit gegen ein gleichwertiges zum gleichen oder ähnlichen Thema um.

KONTAKT ZUM LESERSERVICE

GRÄFE UND UNZER VERLAG
Grillparzerstraße 12
81675 München
www.gu.de